もくじ

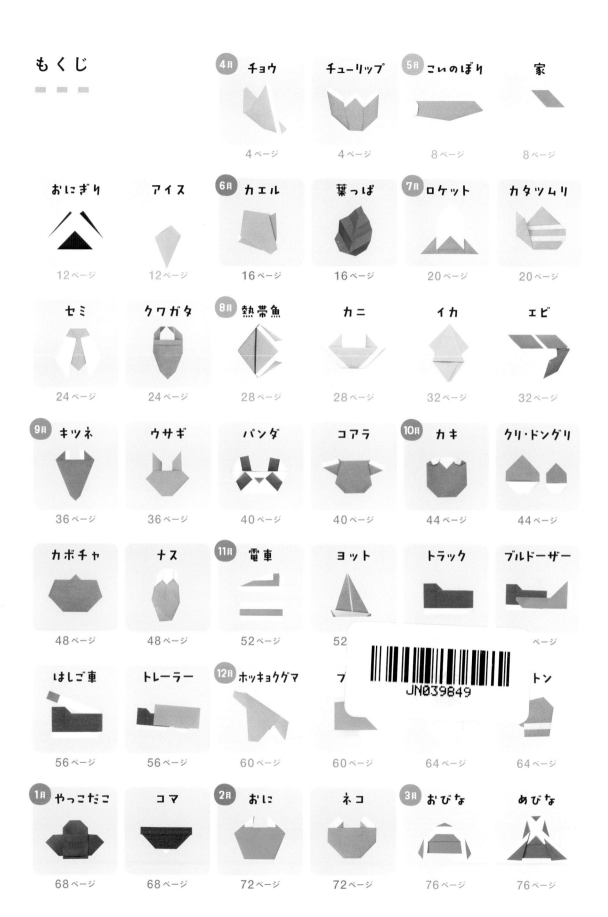

JN039849

4月

チョウ と チューリップ

折り方は6ページ

春の部屋をチョウとチューリップでいっぱいにしましょう。

折ったら遊ぼう **1**

製作帳に貼ってみよう

折ったものを貼り、クレヨンやマーカーでチョウの模様や背景の絵を描き足しましょう。

会話を広げよう

「チューリップの葉っぱってどんなの？」
「庭に咲いているよ。見てこようか」

見立て遊び

チョウとチューリップを
裏にしたり向きを変えたりすると、
別のものに見えてくる！

チューリップを
さかさまにすると…
ダックスフントに
見える！

チョウを裏返すと…
船に見える！

チューリップを
裏返すと…
カエルに見える！

＋ ほかには何に見える？

折ったら
遊ぼう **2**

壁に貼ってみよう

壁のちょっとしたスペースに、折ったものを貼りましょう。
いろいろな素材でつくると、画面に奥行き感が出ます。

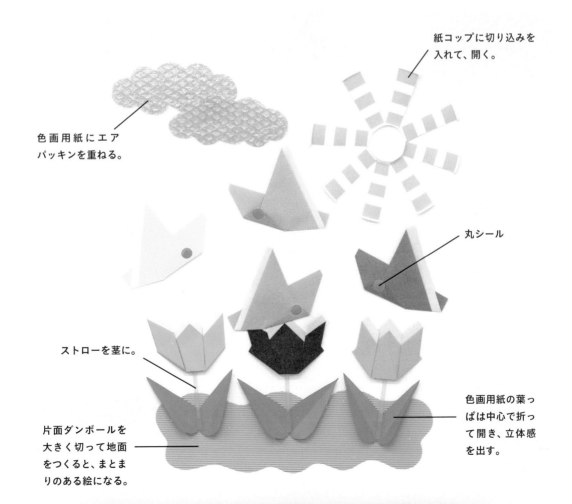

紙コップに切り込みを
入れて、開く。

色画用紙にエア
パッキンを重ねる。

丸シール

ストローを茎に。

色画用紙の葉っ
ぱは中心で折っ
て開き、立体感
を出す。

片面ダンボールを
大きく切って地面
をつくると、まとま
りのある絵になる。

チョウの折り方

1 半分より少し下で折る。

2 裏返して右向きの三角になる
ように置き、下の角を上に飛
び出るように斜めに折る。

★**2**で
左右逆の向きにして
折り進めると、
右向きのチョウになる。

チューリップの折り方

1 半分より少し下で折る。

2 裏返して、下の辺を折る。

3 下の角を、少し斜め
に折る。チョウのか
らだになる。

できあがり

仕上げ
目と模様を描こう！

いろいろな形のチョウができた

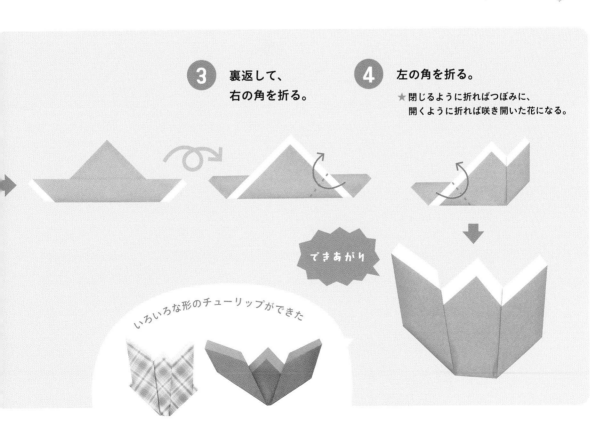

3 裏返して、
右の角を折る。

4 左の角を折る。

★ 閉じるように折ればつぼみに、
開くように折れば咲き開いた花になる。

できあがり

いろいろな形のチューリップができた

5月　こいのぼり　家

と

折り方は10ページ

「♪屋根より高いこいのぼり」を折り紙でつくりましょう!

折ったら遊ぼう **1**

製作帳に貼ってみよう

家の横にポールを描き、
屋根より高くこいのぼりを
泳がせましょう。

会話を広げよう

「2匹のこいのぼりは家族かな?
友達かな?」
「こいのぼりの歌と同じだね。
一緒に歌おうか」

＋ ほかには何に見える？

見立て遊び

こいのぼりと家を
裏にしたり向きを変えたりすると、
別のものに見えてくる！

こいのぼりを裏返して
上下を返すと…
クジラに見える！

家の向きを変えて
逆向きの家と
ふたつをくっつけると…
チョウに見える！

折ったら遊ぼう 2

玄関飾りにしてみよう

季節を感じられる玄関飾り。
並べると小さな街ができますよ。

ビーズ

金色の折り紙

ストロー

空き箱

ストローにこいのぼりと
矢車などを接着剤で貼る。
小さな空き箱の前面に家と
ストローをテープで貼る。

こいのぼりの折り方

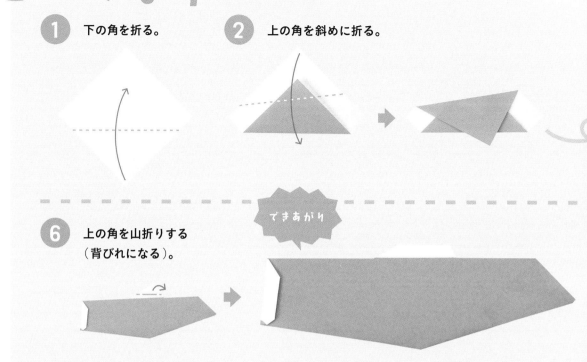

① 下の角を折る。

② 上の角を斜めに折る。

⑥ 上の角を山折りする（背びれになる）。

できあがり

家の折り方

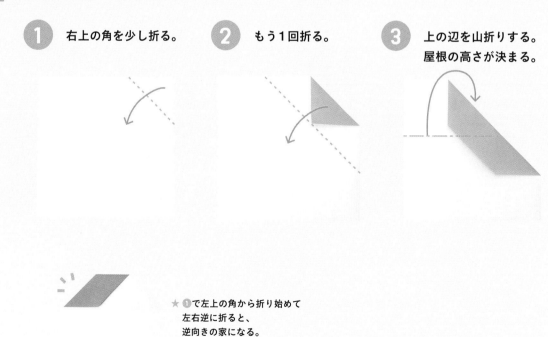

① 右上の角を少し折る。

② もう1回折る。

③ 上の辺を山折りする。屋根の高さが決まる。

★ ①で左上の角から折り始めて左右逆に折ると、逆向きの家になる。

3 裏返して上下を返し、
右下の角を斜めに
山折りする。

4 左の角を
少し折る。

5 もう1回折る
（こいのぼりの口になる）。

★ **2**と**3**の折り方で
こいのぼりの太さが変わる。

仕上げ
顔と模様を描こう！

いろいろな形のこいのぼりができた

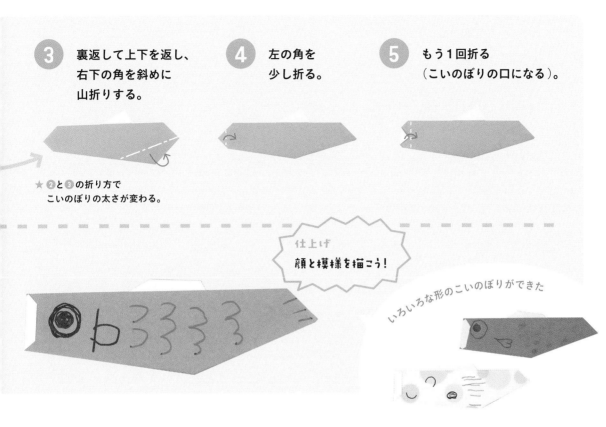

4 左の角を山折りする。

できあがり

いろいろな形の家ができた

仕上げ
ドアと窓を描こう！

11

5月

おにぎり　　アイス

　と　

折り方は14ページ

いろんな味を想像して、おにぎりとアイスクリームをつくりましょう。

折り方は14ページ

折ったら
遊ぼう **1**

色画用紙に貼ってみよう

おにぎりの具や
アイスのトッピングを描いて、
貼りましょう。
まわりには、好きな絵を描いたり、
食べさせたい人の顔を描くなど
自由に遊んでください。

会話を広げよう

「このアイスは何味？ おいしそうだね」
「このおにぎりは中に何が入っているの？」

見立て
遊び

アイスを裏にしたり向きを変えたりすると、
別のものに見えてくる！

こびとさん
に変身！

アイスの
上下を返すと…

アイスを裏返して
上下を返すと…

＋ ほかには何に見える？

折ったら
遊ぼう 2

お店屋さんごっこをしよう

おにぎりをトレーに並べたり、アイススタンドをつくったりして、
ごっこ遊びをしましょう。

アイス屋さん

ティッシュの空き箱の底を上にして
丸い穴をあけ、
小さめの紙コップを差し込む。

おにぎり屋さん

食品の発泡トレーに並べる。

おにぎりの折り方

① 半分より下で折る。

② 裏返して、右の角を斜めに折る。

黒の折り紙が
大活躍！

ちょこっと
はみ出すくらい

アイスの折り方

① 色のついた面をおもてにして
右上の角を折る。

② 左上の角を折る。

③ 同じように
左の角を折る。

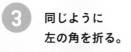

いろいろな形のおにぎりができた

④ 下の角を折る。

できあがり

裏返して…

---

③ 裏返して、右の辺を
斜めに折る。

④ 左の辺を
斜めに折る。

⑤ 右下の飛び出たところを
山折りする。

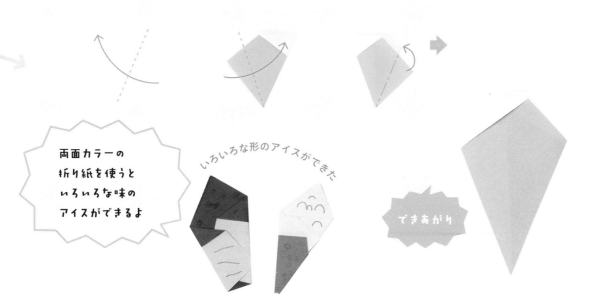

両面カラーの
折り紙を使うと
いろいろな味の
アイスができるよ

いろいろな形のアイスができた

できあがり

6月

カエル  と 葉っぱ

折り方は18ページ

じゃばらに折ることで立体感が出るカエルと葉っぱをつくりましょう。

折ったら
遊ぼう **1**

製作帳に貼ってみよう

葉っぱを貼り、その上にカエルを貼って、
カエルの目や雨を描き足しましょう。

会話を広げよう

「カエルは何をしているのかな?」
「アジサイの葉っぱは大きいよ。
アジサイを探しに行こうか」

カエルや葉っぱの向きを変えたり立たせたりすると、
別のものに見えてくる！

葉っぱを半分に折って
立たせると…
アルマジロに見える！

カエルを横にすると…
熱帯魚に見える！

＋ ほかには何に見える？

折ったら
遊ぼう **2**

棚の飾りをつくってみよう

棚の上に飾るときは、アジサイの花も咲かせて、
より立体的にしてみましょう。

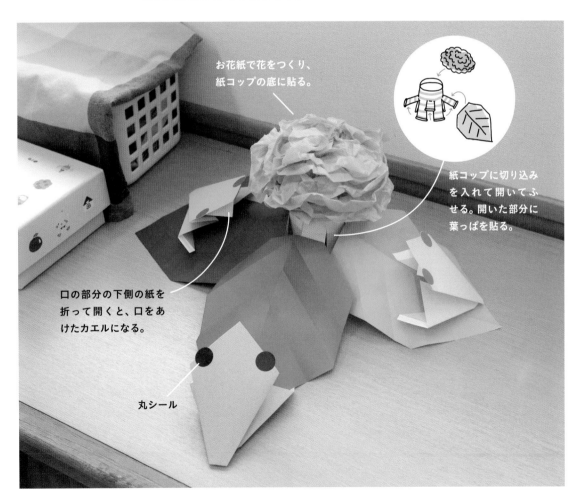

お花紙で花をつくり、
紙コップの底に貼る。

紙コップに切り込み
を入れて開いてふ
せる。開いた部分に
葉っぱを貼る。

口の部分の下側の紙を
折って開くと、口をあ
けたカエルになる。

丸シール

カエルの折り方

1 半分より少し下で折る。　**2** 右の角を折る。　**3** 折り返す。

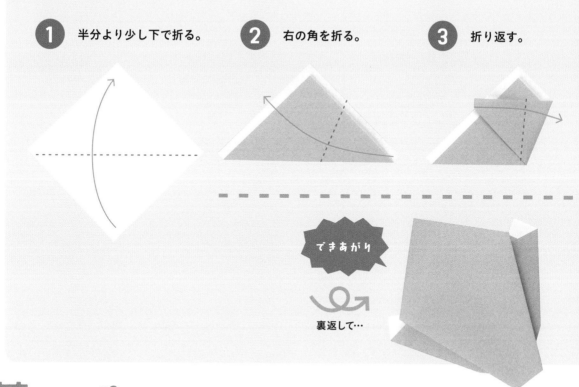

できあがり

裏返して…

葉っぱの折り方

1 3つの角を折る。　**2** 半分に折る。　**3** 下から斜めに折る。

4 もう一回、折り返す。

5 左の角も**2**〜**4**と同じように折る。

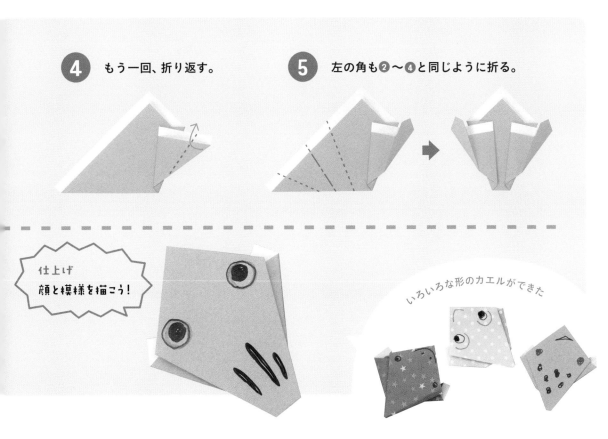

仕上げ
顔と模様を描こう!

いろいろな形のカエルができた

4 山折り、谷折りをくり返し、
上までじゃばらに折る。

できあがり

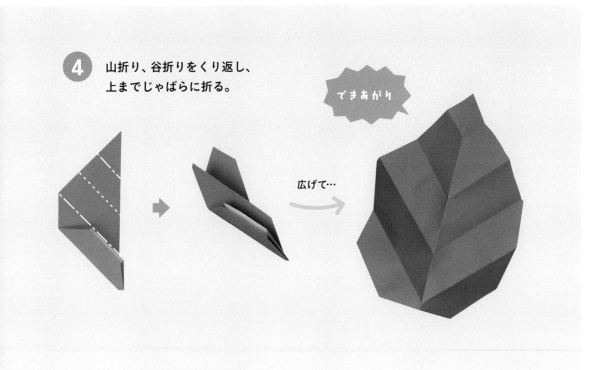

広げて…

19

7日 ロケット と カタツムリ

折り方は22ページ

ロケットとカタツムリの不思議な組み合わせ。
どんなストーリーが浮かぶでしょう。

折ったら遊ぼう 1 製作帳に貼ってみよう

宇宙に向かうロケットと
見上げるカタツムリ。
空にキラキラ輝く星をたくさん
描きましょう。

会話を広げよう

「ロケットはどこに行くのかな」
「カタツムリは何て言っていると思う?」

ロケットやカタツムリを裏にしたり
向きを変えたりすると、別のものに見えてくる！

ロケットの上下を返すと…
ドラキュラに見える！

カタツムリを
裏返すと…
金魚に見える！

➕ ほかには何に見える？

折ったら
遊ぼう **2**

七夕の笹飾りをつくってみよう

ロケットに乗せたいものを描いて、笹に飾りましょう。
願いごとを書いてもGOOD！

ロケットの裏にひもを
テープで貼る。

ポケット状になってい
るので、紙人形などを
差し込むこともできる。

ロケットの折り方

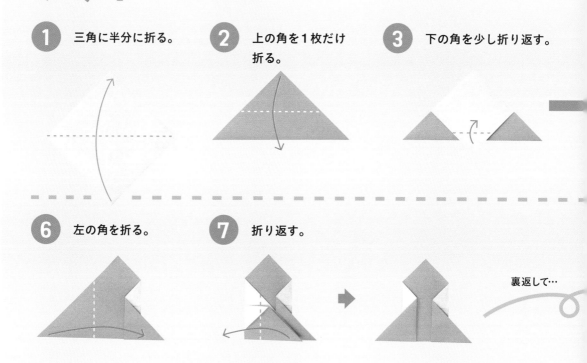

1 三角に半分に折る。

2 上の角を1枚だけ折る。

3 下の角を少し折り返す。

6 左の角を折る。

7 折り返す。

裏返して…

カタツムリの折り方

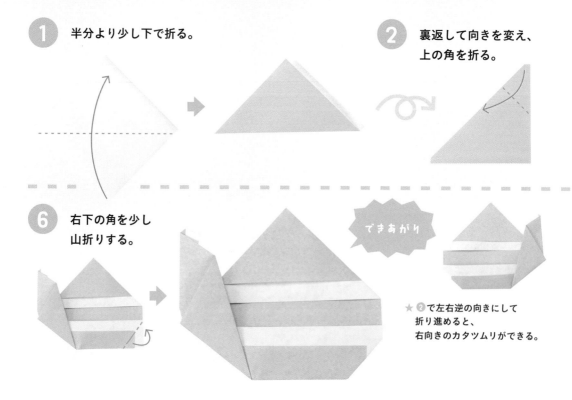

1 半分より少し下で折る。

2 裏返して向きを変え、上の角を折る。

6 右下の角を少し山折りする。

できあがり

★ ❷で左右逆の向きにして折り進めると、右向きのカタツムリができる。

4 裏返し、右の角を折る。

5 折り返す。

できあがり

いろいろな形のロケットができた

3 下の辺を折る。

4 左の角を斜めに折る。

5 左の角を少し山折りする。

仕上げ
顔と模様を描こう!

いろいろな形のカタツムリができた

7月

 **セミ** と **クワガタ**

折り方は26ページ

簡単に折れるセミとクワガタです。
細かったり太かったり、いろんな形になってOK！

折ったら
遊ぼう **1**

色画用紙に
貼ってみよう

セミとクワガタに目を描いたら、
木の絵を描いてとまらせましょう。
たくさん折ったら
木もたくさん描いて、
虫いっぱいの森にしてください。

会話を広げよう

「セミの鳴き声を
聞いたことはある？」
「クワガタのツノ、かっこいいね。
どこに行けば見つかるかな」

虫捕りごっこをしてみよう

折ったセミとクワガタの裏に、輪にしたセロハンテープをつけ、
壁などに貼っておいて、虫捕りごっこで遊びましょう。

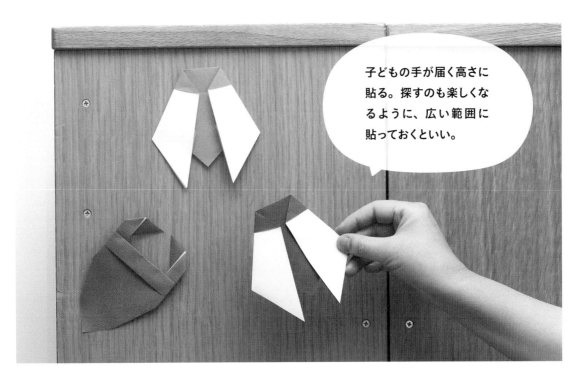

子どもの手が届く高さに
貼る。探すのも楽しくな
るように、広い範囲に
貼っておくといい。

作品が傷つかないよう
に、最初にマスキング
テープを貼っておく。

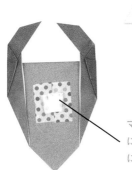

マスキングテープの上
にセロハンテープを輪
にしたものを貼る。

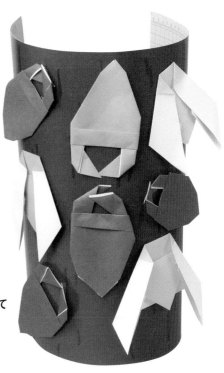

大きめの画用紙や模造紙を輪にして
木に見立てて、貼っても楽しい。

セミ の折り方

1 色がついた面をおもてにして、三角に半分に折る。

2 上の角を1枚だけ折る。

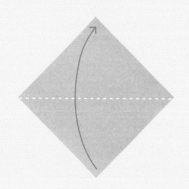

クワガタ の折り方

1 三角に半分に折る。

2 下の辺を小さく折る。

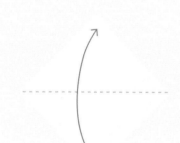

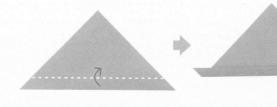

3 裏返して、上の角を下に飛び出すように折る。

4 右の角を斜めに折る。

5 左の角を斜めに折る。

できあがり

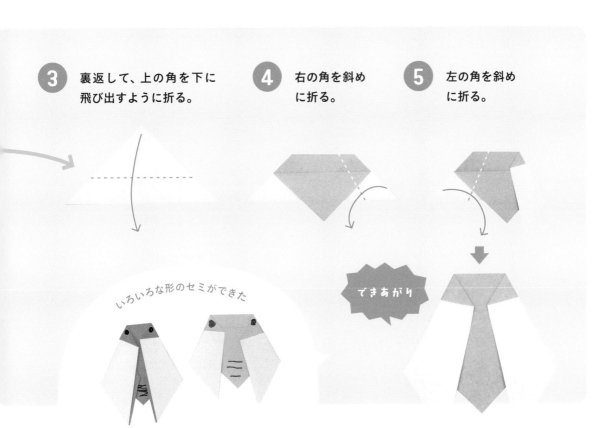

いろいろな形のセミができた

3 裏返して上下を返し、右の角を斜めに折る。

4 左の角を斜めに折る。

5 左右の角を折る。

裏返して…

できあがり

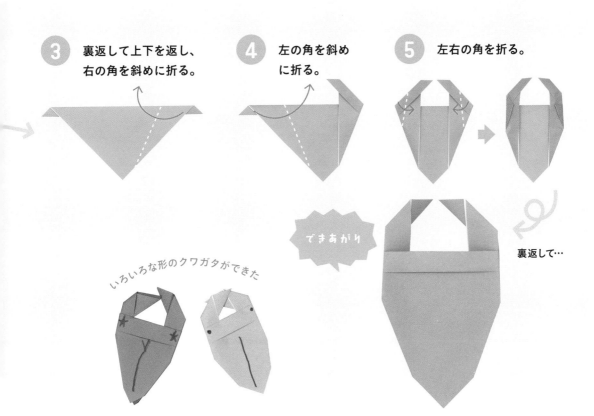

いろいろな形のクワガタができた

27

8月

熱帯魚　と　カニ

折り方は30ページ

熱帯魚とカニで小さな海のできあがり。
たくさん折ると、海がどんどん広くなります。

折ったら
遊ぼう **1**

製作帳に
貼ってみよう

青い紙に貼って、海の絵を描きましょう。
たくさん折ったときは
大きな画用紙や模造紙に貼ってください。

会話を広げよう

「海の中には
ほかに何がいるのかな?」
「海（水族館）へ
見つけに行きたいね」

熱帯魚やカニを裏にしたり
向きを変えたりすると、
別のものに見えてくる!

タツノオトシゴ
に見える!

ナマケモノ
に見える!

ペンギン
に見える!

熱帯魚の向きを
変えると…

耳の垂れた
犬に見える!

カニを
裏返すと…

8月

熱帯魚・カニ

+ ほかには何に見える?

折ったら
遊ぼう 2

モビールを
つくって
みよう

軽いので、少しの風で
よく揺れます。
見上げると自分も海の中に
いるみたい。

ストローに穴をあけてひも
を通して結ぶ。ひもの先に
折り紙をテープで貼る。

柄入りの折り紙で折ったり、
丸シールを貼って目や模様に
したりしてもGOOD。

熱帯魚 の折り方

1. 三角に半分に折る。
2. 上の角の1枚を下に折る。
3. 下の角を折り返す。

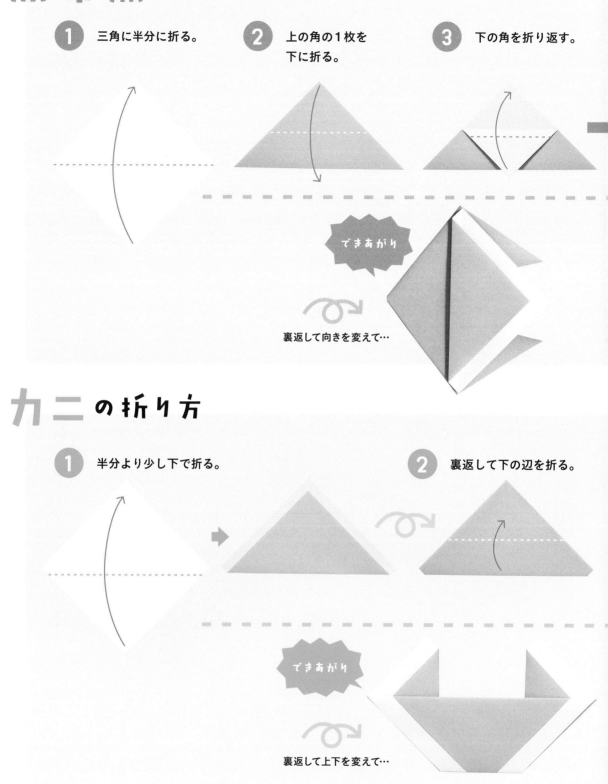

できあがり

裏返して向きを変えて…

カニ の折り方

1. 半分より少し下で折る。
2. 裏返して下の辺を折る。

できあがり

裏返して上下を変えて…

4 裏返し、左右の角を斜めに折る。

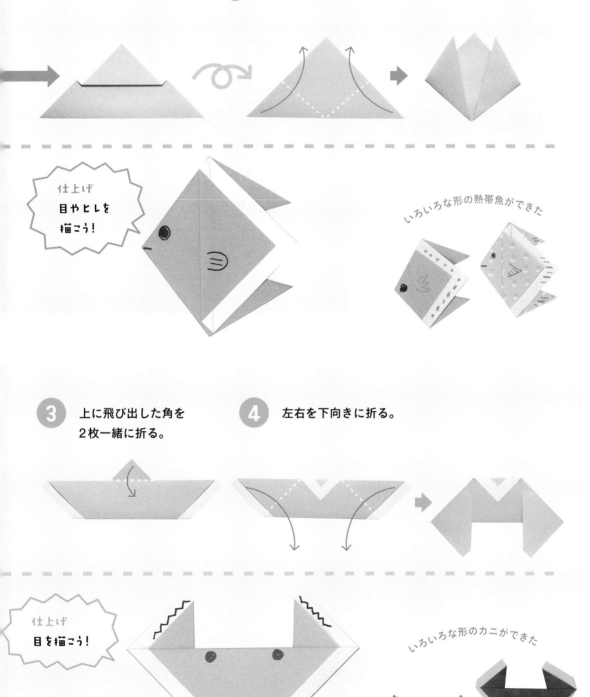

仕上げ
**目やヒレを
描こう!**

いろいろな形の熱帯魚ができた

3 上に飛び出した角を
2枚一緒に折る。

4 左右を下向きに折る。

仕上げ
目を描こう!

いろいろな形のカニができた

31

イカ と **エビ**

折り方は34ページ

イカとエビは形がとても特徴的です。
さまざまな色のイカとエビをつくりましょう！

折ったら
遊ぼう **1**

模造紙に
貼ってみよう

海の色の模造紙に、
荷造り用ひもを
海藻に見立てて何本か貼ると、
透明感と立体感のある台紙が
できます。イカとエビには
目を描き入れましょう。

会話を広げよう

「イカとエビは
どういうふうに泳ぐのかな」
「イカとエビ、お寿司で
食べたことがあるね！」

色画用紙に
貼ってみよう

イカとエビを色画用紙に貼り、
釣り糸や人を描くと
楽しい釣りの絵になります。
海の中の絵を描いても
もちろんOK！

8月

イカ・エビ

釣りごっこを
しよう

ストローの先にたこ糸をテープで貼り、
糸の先にマグネットをつけます。
イカとエビにダブルクリップをつけ、
マグネットでくっつけて
釣り上げましょう。

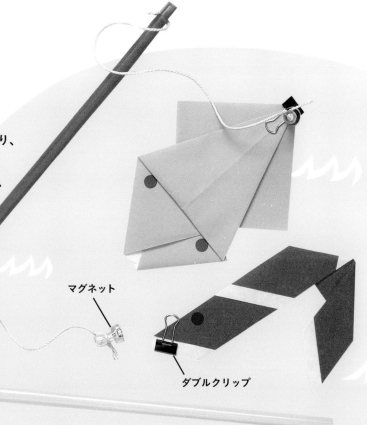

マグネット

ダブルクリップ

イカ の折り方

1 たて半分に折り、
折りすじをつけて、広げる。

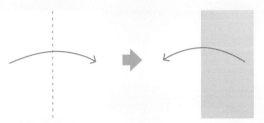

2 右の辺を斜めに折る。上は
折りすじのところから折るといい。

6 真ん中より下で折る。

7 上の紙の右の角を
斜めに折る。

8 左の角を斜めに折る。

エビ の折り方

1 半分より少し下で折る。

2 裏返して上下を返し、
下の角を2枚一緒に折る。

5 左の角を半分くらいのところで斜めに折る。

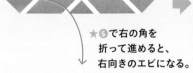

★⑤で右の角を
折って進めると、
右向きのエビになる。

6 裏返して、
下の角を斜めに折る。

3 折りすじから左に出た
部分を折り返す。

4 同じように、
左の辺を斜めに折る。

5 折りすじから右に
出た部分を折り返す。

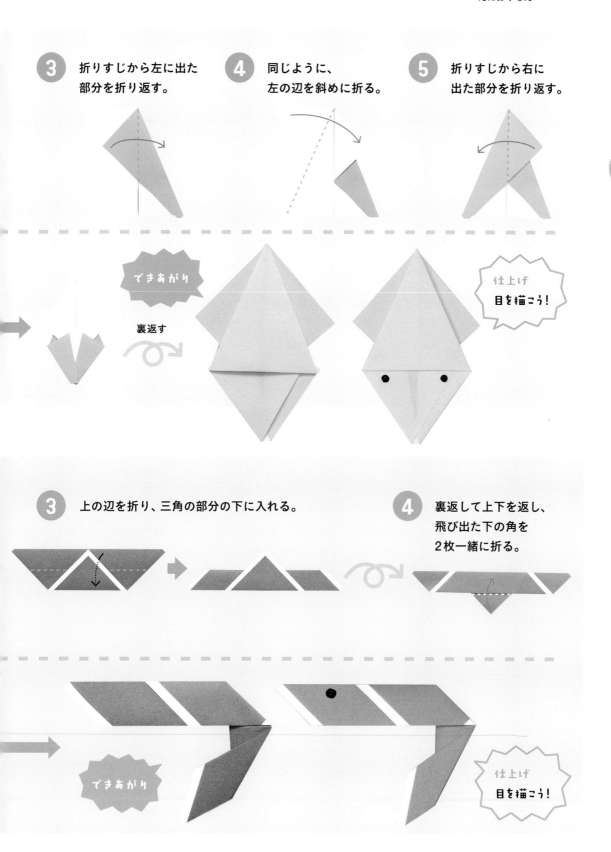

裏返す

できあがり

仕上げ
目を描こう!

3 上の辺を折り、三角の部分の下に入れる。

4 裏返して上下を返し、
飛び出た下の角を
2枚一緒に折る。

できあがり

仕上げ
目を描こう!

8月

イカ・エビ

9日

キツネ と ウサギ

折り方は38ページ

キツネもウサギも、耳が飛び出るように折るのがポイントです。
キツネは三角の耳、ウサギは長い耳になるように折りましょう。

折ったら
遊ぼう **1**

製作帳に
貼ってみよう

キツネとウサギの顔を貼り、
顔に目や口などを描き、
からだも描きましょう。
何をしているところにしようかな？

会話を広げよう

「キツネさんとウサギさん、
何を話しているのかな」
「つぎはどんな顔のキツネ（ウサギ）
をつくろうか」

見立て遊び

キツネやウサギを裏にしたり向きを変えたりすると、別のものに見えてくる！

裏返すと…
宇宙船に見える！

上下を返して耳の部分を折って立てると…
アシカに見える！

上下を返すと…
宇宙人に見える！

➕ ほかには何に見える？

折ったら遊ぼう 2

ウサギの神経衰弱ゲーム

ウサギをたくさん折って3種類の顔を描き、神経衰弱をして遊びましょう。形が不揃いでも、それがヒントになります。

ウサギの数や顔の種類を増やすと、難易度が上がる。

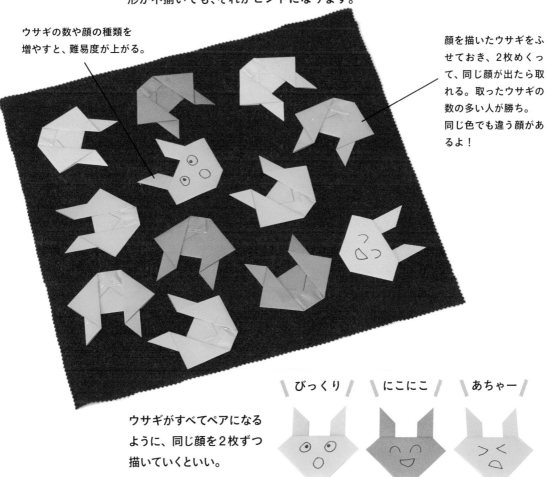

顔を描いたウサギをふせておき、2枚めくって、同じ顔が出たら取れる。取ったウサギの数の多い人が勝ち。同じ色でも違う顔があるよ！

ウサギがすべてペアになるように、同じ顔を2枚ずつ描いていくといい。

びっくり　にこにこ　あちゃー

キツネの折り方

1 半分より少し下で折る。

2 上下を返して、右の角を折る。

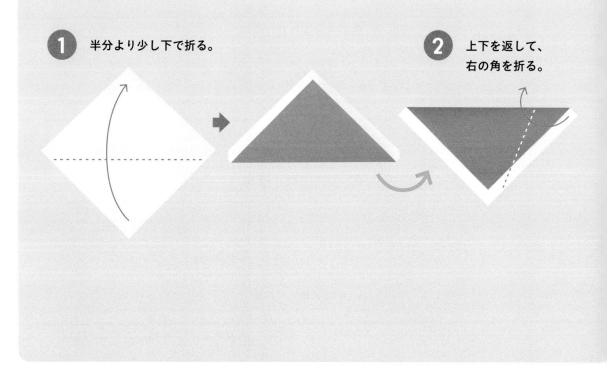

ウサギの折り方

1 三角に半分に折る。

2 下の辺を少し折る。

3 上の角を少し折る。

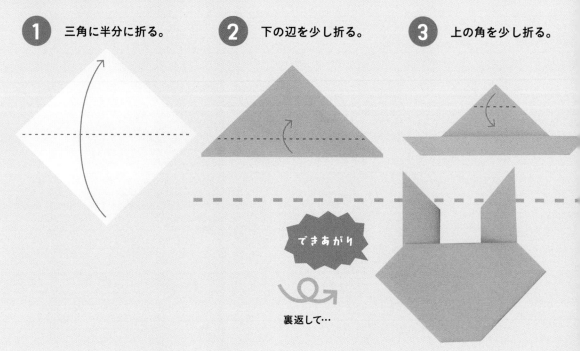

できあがり

裏返して…

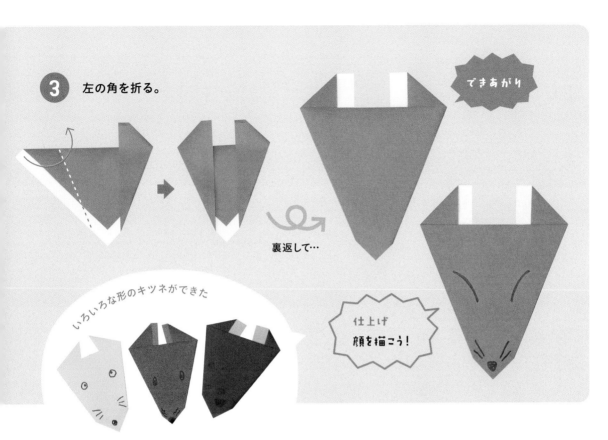

3 左の角を折る。

裏返して…

できあがり

いろいろな形のキツネができた

仕上げ
顔を描こう！

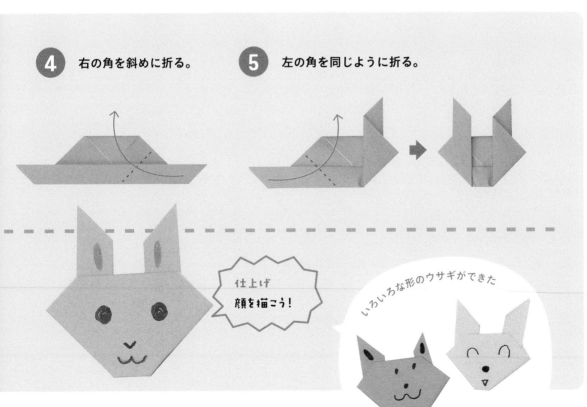

4 右の角を斜めに折る。

5 左の角を同じように折る。

仕上げ
顔を描こう！

いろいろな形のウサギができた

9月

パンダ と コアラ

折り方は42ページ

動物園で大人気のパンダとコアラをつくりましょう。
たくさん折ると、パンダやコアラの森ができそうです。

折ったら
遊ぼう **1**

模造紙に貼ってみよう

竹に見立てた緑のテープ（写真は養生テープを使用）と、
ユーカリの木に見立てた茶色のテープ（写真はクラフトテープを使用）を数本ずつ
貼ります。パンダは竹に、コアラはユーカリの木に貼っていきましょう。

色画用紙に貼ってみよう

自分のお気に入りを貼って、自由に絵を描き足しましょう。

会話を広げよう

「パンダもコアラも
葉っぱを食べるんだって」
「パンダとコアラは
何のお話をしているのかな」

アレコレアレンジ

パンダとコアラ、もう1枚折って「からだ」にしよう！
ほかにもいろんなポーズを考えてね。

正面向き
パンダ

のんびり

木にしがみつく
横向きコアラ

正面向き
のコアラ

わ〜い！

ごろごろ

寝転がる
パンダ

バンザイする
コアラ

パンダの折り方

① 色のついた面をおもてにして、下の角を少し折る。

② 上の角を下の辺に届くくらいに折る。

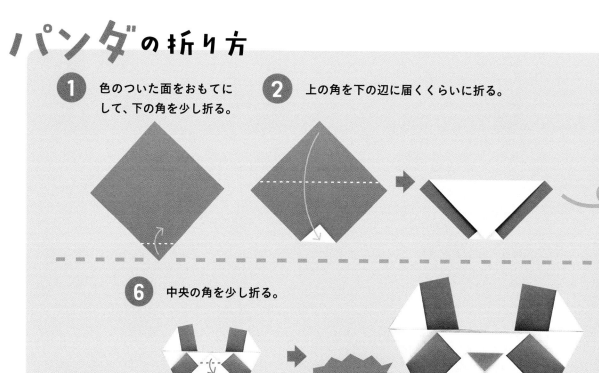

⑥ 中央の角を少し折る。

できあがり

コアラの折り方

① 半分より少し下で折る。

② 下の辺を折る。

⑥ 斜めに折り返す。

⑦ 下の角を少し折る。

裏返して…

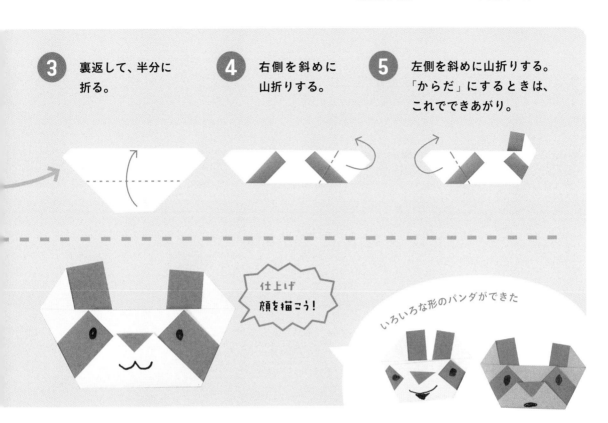

3 裏返して、半分に折る。

4 右側を斜めに山折りする。

5 左側を斜めに山折りする。「からだ」にするときは、これでできあがり。

仕上げ
顔を描こう!

いろいろな形のパンダができた

9月

パンダ・コアラ

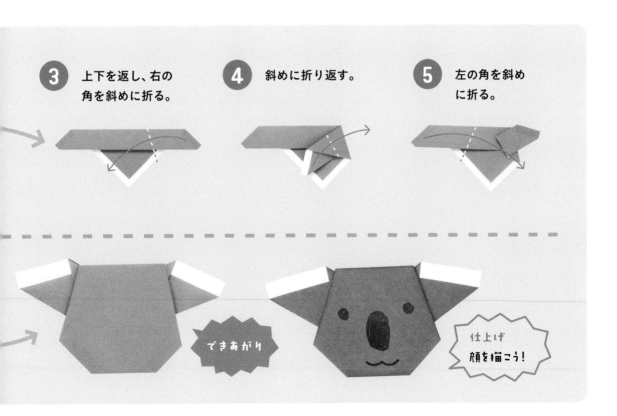

3 上下を返し、右の角を斜めに折る。

4 斜めに折り返す。

5 左の角を斜めに折る。

できあがり

仕上げ
顔を描こう!

10月

カキ  と クリ・ドングリ

くだものや木の実は、よく見るとひとつひとつ形が違っています。
見本どおり折れなくてもそれが自然そのものです！

折ったら
遊ぼう **1**

製作帳に
貼ってみよう

カキ、クリ、ドングリを貼り、
落ち葉やイガなどを描き入れて
秋らしい絵にしましょう。

会話を広げよう

「カキもクリもおいしそうだね」
「秋のくだもの、ほかにもいろいろあるよ」

見立て遊び

カキやクリ、ドングリを裏にしたり向きを変えたりすると、別のものに見えてくる!

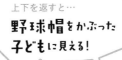
上下を返すと…
野球帽をかぶった子どもに見える!

裏にして上下を返すと…
ブタに見える!

そのままで…
カッパに見える!

裏にして上下を返すと…
おくるみの赤ちゃんに見える!

10月

カキ・クリ・ドングリ

折ったら遊ぼう 2

バッジをつくろう

ドングリを好きな色で折り、ドングリバッジにしましょう。
模様や顔を描いても楽しくなります。名前を書いて名札にしてもいいですね。

ぼくのバッジだよ!

わたしのお気に入りはこれ!

カッコイイでしょ!

裏に厚紙を貼るとしっかりする。

輪にしたセロハンテープをつけて、胸に貼る。

アレコレアレンジ

『西遊記』のメンバーがそろったよ。
三蔵法師は金色の折り紙がぴったり!

孫悟空（そんごくう）
ドングリ

沙悟浄（さごじょう）
カキ

猪八戒（ちょはっかい）
カキの裏

三蔵法師（さんぞうほうし）
ドングリ

45

カキ の折り方

1 左右と下の角を中心に向かって折る。　　**2** 下の左右の角を少し折る。

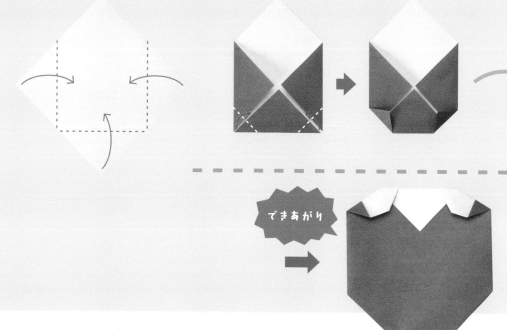

できあがり

クリ・ドングリ の折り方

1 色のついた面をおもてにして、下の辺を折る。　　**2** 白い部分が下になるよう裏返し、上の左右の角を折る。

❹で
少しだけ折る。　　　裏返して…　　　　　　クリの
できあがり

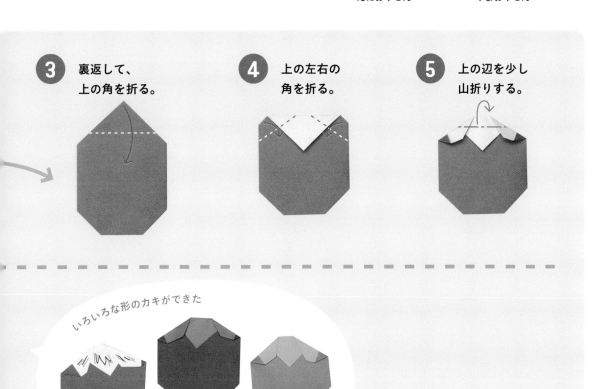

3 裏返して、上の角を折る。

4 上の左右の角を折る。

5 上の辺を少し山折りする。

いろいろな形のカキができた

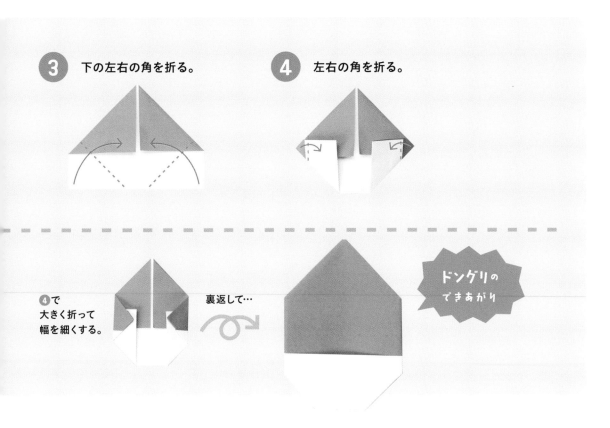

3 下の左右の角を折る。

4 左右の角を折る。

❹で大きく折って幅を細くする。

裏返して…

ドングリのできあがり

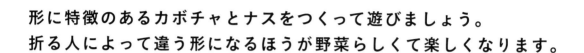

10月

カボチャ と ナス

折り方は50ページ

形に特徴のあるカボチャとナスをつくって遊びましょう。
折る人によって違う形になるほうが野菜らしくて楽しくなります。

折ったら
遊ぼう **1**

製作帳に
貼ってみよう

カボチャに顔を描いておばけカボチャに
しましょう。ナスも加えて、
ハロウィーンパーティーです。
逆さにしたカボチャがからだになります。

会話を広げよう

「ハロウィーンの日は子どもが
お菓子をもらえるんだって」
「ハロウィーン用のカボチャ、
花屋さんにあるかな。見に行こうか」

見立て
遊び

カボチャやナスを裏にしたり向きを変えたり
すると、別のものに見えてくる！

裏返すと…
ラッコに見える！

裏返して向きを変えて
じゃばらに折ると…
手洗い人形
になる！

左右を持って
動かすと、手
を洗っている
みたい！

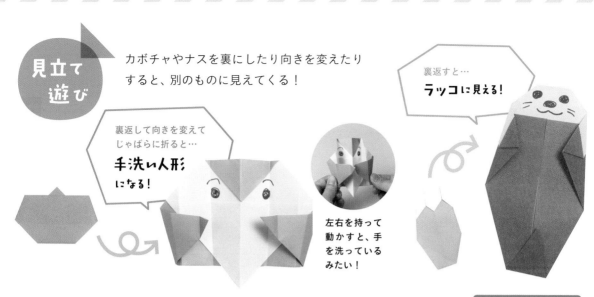

＋ ほかには何に見える？

折ったら
遊ぼう **2**

ひもくじをつくって遊ぼう

カボチャとナスをたくさんつくり、ひもをつけて、
ひもくじにして遊びましょう。
引っぱるひもはどれにつながっているかな!?

カボチャとナスは、
いろんな色の折り紙で
つくって楽しく。

厚紙の裏に
ストローを並べて貼り、
ひもを1本ずつ通すと
からまりにくくなる。

裏

カボチャの折り方

1 三角に半分に折る。

2 上の角の1枚を
下に飛び出すように折る。

3 上の角を折る。

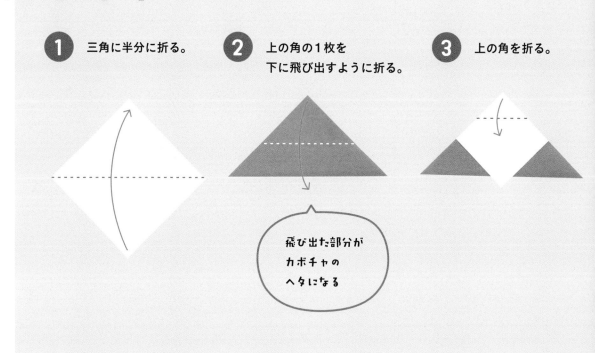

飛び出た部分が
カボチャの
ヘタになる

ナスの折り方

1 右下の辺を真ん中に
向けて折る。

2 左下の辺も同じように
折る。

3 下の角を斜めに折る。

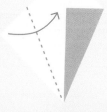

6 左右を斜めに山折りして、
ナスの形にする。

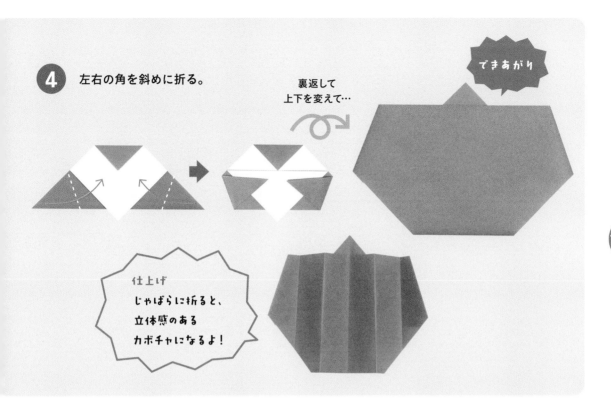

④ 左右の角を斜めに折る。

裏返して
上下を変えて…

できあがり

仕上げ
じゃばらに折ると、
立体感のある
カボチャになるよ!

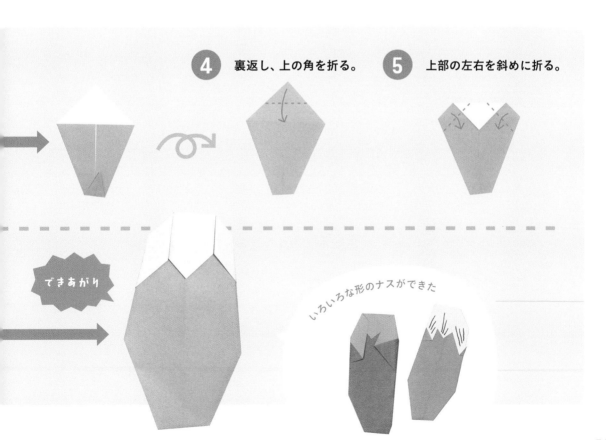

④ 裏返し、上の角を折る。　**⑤** 上部の左右を斜めに折る。

できあがり

いろいろな形のナスができた

11月

電車

と

ヨット

折り方は54ページ

楽しい乗り物をつくり、長くつなげたり、人形を乗せたりして遊びましょう。

折ったら遊ぼう 1

色画用紙に貼ってみよう

細長く切った紙を貼って線路にしたら、
折った電車を貼って走らせましょう。
湖や海には、ヨットを浮かべましょう。
景色を描くといっそう楽しい絵になります。

会話を広げよう

「電車はどこへ行くのかな」
「ヨットにも乗ってみたいね。
ヨットでどこに行きたい?」

ごっこ遊びをしよう

紙人形をつくって乗せると、ごっこ遊びに広がり、楽しく遊べます。

紙人形のつくり方

厚紙を人の形に切って、
顔や服を描く。
折り紙を貼ってつくってもいい。

53

電車 の折り方

1 半分より少し下で折る。車体の色を白くしたいときは、色のついた面をおもてにして折り始める。

2 裏返し、左の辺を2枚一緒に斜めに折る。

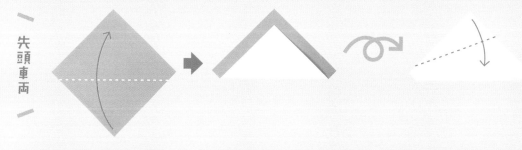

先頭車両

---

1 上の辺を折る。

2 下の辺を折る。先頭車両につなげるときは、先頭車両と模様の幅（ライン）を合わせるといい。

客車

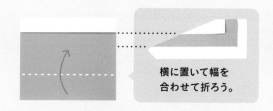

横に置いて幅を合わせて折ろう。

ヨット の折り方

1 左上の辺を真ん中に向けて折る。

2 右上の辺を真ん中で合わせるように折る。

3 下の角を斜めに折る。

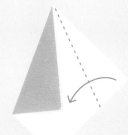

★真ん中で合わせたラインが少し斜めになるとヨットらしくなる。

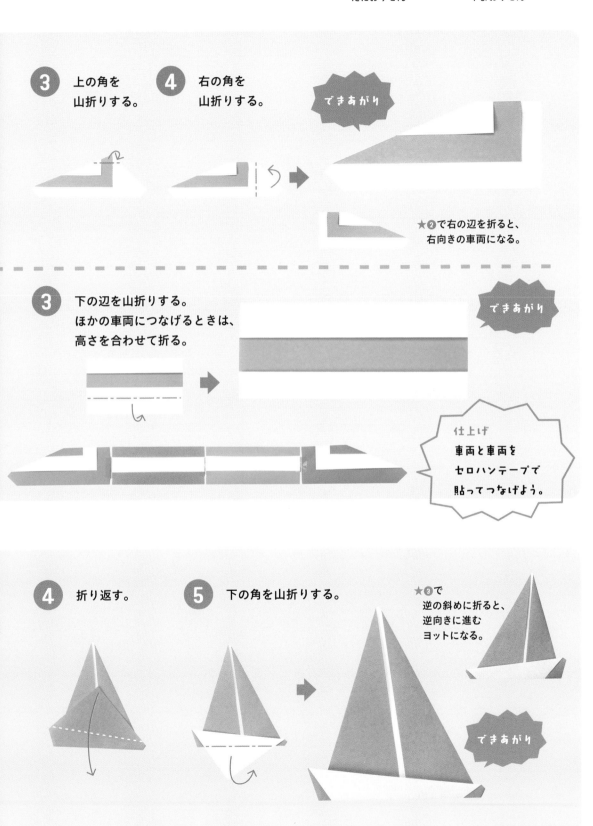

3 上の角を
山折りする。

4 右の角を
山折りする。

できあがり

★**2**で右の辺を折ると、
右向きの車両になる。

3 下の辺を山折りする。
ほかの車両につなげるときは、
高さを合わせて折る。

できあがり

仕上げ
車両と車両を
セロハンテープで
貼ってつなげよう。

4 折り返す。

5 下の角を山折りする。

★**3**で
逆の斜めに折ると、
逆向きに進む
ヨットになる。

できあがり

11月

電車・ヨット

11月

トラック

折り方は58ページ

と

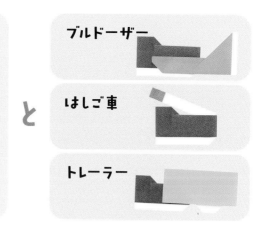

ブルドーザー

はしご車

トレーラー

子どもたちに人気の「働く車」。基本の「トラック」にもう1枚
パーツを組み合わせると、3種類の車がつくれます。

折ったら
遊ぼう **1**

模造紙に
貼ってみよう

模造紙にクラフトテープを貼り、
道に見立てましょう。折り紙をちぎって
土砂にすると工事現場になります。

会話を広げよう

「たくさんの車が
忙しそうに働いているね」
「何の仕事をしているのかな。
何かをつくっているのかな」

折ったら遊ぼう 2 色画用紙に貼ってみよう

お気に入りの1台を中心に貼って、背景を描いてみましょう。
紙人形をつくって乗せると遊びに広がります。

厚紙を人の形に切って、横向きの顔を描く。ヘルメットを切って貼ると働く人に！

折ったら遊ぼう 3 トラックに荷物をのせて遊ぼう

厚紙や片面ダンボール、色紙などをいろんな形に切って荷物をつくり、
トラックの荷台にのせましょう。
つぎは何を運ぶか、いろんなアイデアが浮かびそうです。

トラックの荷台のところがポケットになっているので、荷物をはさんでのせる。

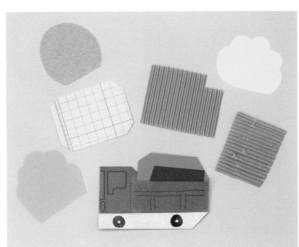

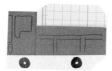

荷物は何かな？

トラックの折り方

① 下に白い部分が残るように、半分より上で折る。

② 向きはそのままで裏返し、右側を斜めに折る。

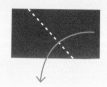

★②で左側を折って進めると、右向きのトラックになる。

ブルドーザーの折り方

① 半分より少し下で折る。

② 裏返して向きを変え、下の角を折る。

★②で左右逆の向きにして折り進めると、できあがりが逆向きになる。

はしご車の折り方

① 下の辺を少し折る。

② 裏返して折った部分が左になるよう90度向きを変え、下の辺を折る。

③ 折った部分を半分に折る。

トレーラーの折り方

① 下に白い部分が残るように、半分より上で折る。

② 白い部分が下になるよう裏返し、右下の角を1枚だけ大きく折る。

★②から左右逆に折り進めると、できあがりが逆向きになる。

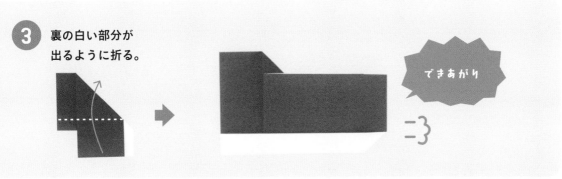

3 裏の白い部分が
出るように折る。

でき あ が り

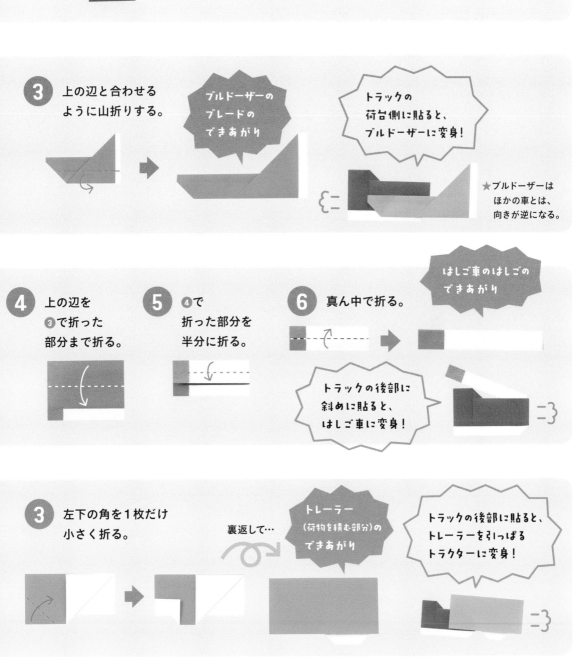

3 上の辺と合わせる
ように山折りする。

ブルドーザーの
ブレードの
できあがり

トラックの
荷台側に貼ると、
ブルドーザーに変身！

★ブルドーザーは
ほかの車とは、
向きが逆になる。

4 上の辺を
3で折った
部分まで折る。

5 **4**で
折った部分を
半分に折る。

6 真ん中で折る。

はしご車のはしごの
できあがり

トラックの後部に
斜めに貼ると、
はしご車に変身！

3 左下の角を1枚だけ
小さく折る。

裏返して…

トレーラー
（荷物を積む部分）の
できあがり

トラックの後部に貼ると、
トレーラーを引っぱる
トラクターに変身！

ホッキョクグマ　と　ブーツ

折り方は62ページ

ホッキョクグマとブーツを折って、絵を描いたり、
クリスマスの飾りにしたりして遊びましょう。

折ったら遊ぼう 1　製作帳に貼ってみよう

暗い色の紙に貼ると、星や雪を効果的に描き込めます。
緑色の折り紙を三角に折って重ねてツリーにしました。
ホッキョクグマを「斜めに折る」ときは目印がなく迷うでしょうが、
角度によっていろんな体形やポーズのクマになるので、折ってみてください。

ホッキョクグマやブーツの向きを変えると、
別のものに見えてくる！

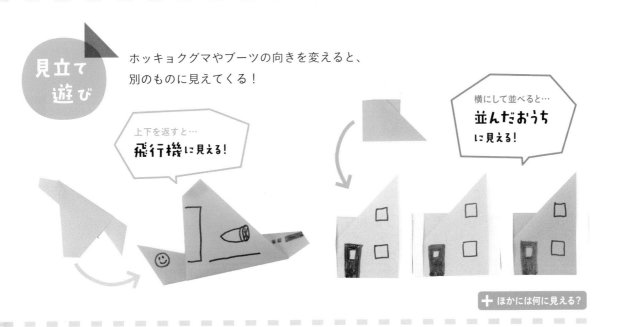

上下を返すと…
飛行機に見える！

横にして並べると…
並んだおうちに見える！

+ ほかには何に見える？

折ったら
遊ぼう **2**

窓に飾ろう

窓に貼るものと、ぶら下げるものの両方があると、
立体感のある飾りになります。

細めのひもに
ブーツを並べてとめる。

折り紙を三角に半分に折って重ね、
ツリーをつくる。クレヨンなどで飾り
を描き込んで、両面テープで窓に貼る。

三角に折るときに少しずらして
白いところが出るようにすると、
雪が積もったツリーになる。

ホッキョクグマ の折り方

1 半分より少し下で
折る。

2 左の角を斜めに折る。

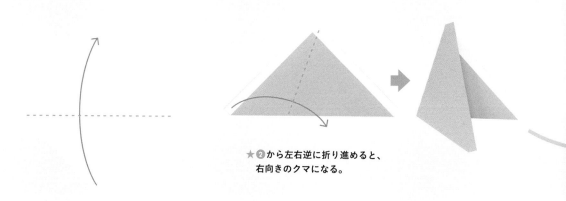

★ **2** から左右逆に折り進めると、
右向きのクマになる。

ブーツ の折り方

1 半分より少し下で折る。

2 裏返して向きを変え、
左の角を折る。

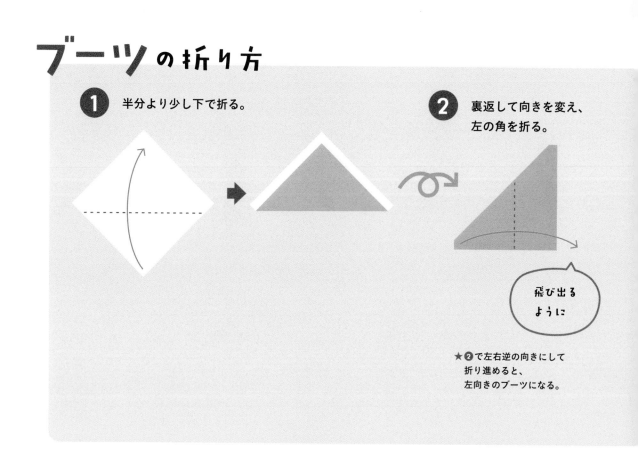

飛び出る
ように

★ **2** で左右逆の向きにして
折り進めると、
左向きのブーツになる。

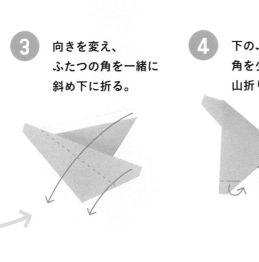

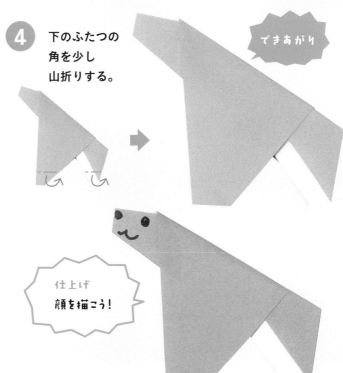

3 向きを変え、
ふたつの角を一緒に
斜め下に折る。

4 下のふたつの
角を少し
山折りする。

できあがり

仕上げ
顔を描こう！

12月

ホッキョクグマ・ブーツ

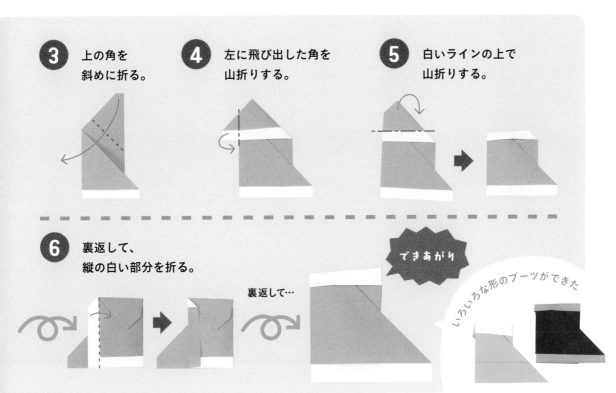

3 上の角を
斜めに折る。

4 左に飛び出した角を
山折りする。

5 白いラインの上で
山折りする。

6 裏返して、
縦の白い部分を折る。

裏返して…

できあがり

いろいろな形のブーツができた

12月 サンタクロース と ミトン

折り方は66ページ

サンタさんとミトンをたくさんつくって
華やかなクリスマスの飾りにしましょう。

折ったら遊ぼう 1 色画用紙に貼ってみよう

ミトンはふたつつくってひと組にしましょう。
サンタクロースのからだにもミトンを
使っています。濃い色の色画用紙に貼れば、
白いクレヨンで雪を描き込むことができます。

会話を広げよう

「サンタさんは何をくれるかな」
「クリスマスまでに
折り紙を折って飾ろうか」

クリスマスリースをつくろう

輪の台にサンタクロースとミトンを好きに並べて貼り、
リースにしましょう。

両面カラーの
折り紙

柄入り折り紙

厚紙やダンボール
紙を輪に切り、緑
の色紙や包装紙を
貼る。まわりをギ
ザギザに切る。

紙皿の底の部分を
サンタクロースの
からだの形を残し
て切りぬく。

12月

サンタクロース・ミトン

オーナメントをつくろう

ひもを輪になるように貼れば、オーナメントになります。
クリスマスツリーに飾りましょう。

サンタクロースの折り方

1 色のついた面をおもてにして、下の辺を少し折る。

2 白い部分が下になるよう裏返し、下の辺を斜めに折る。

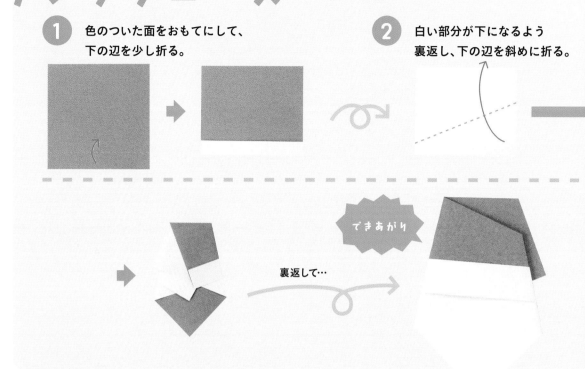

裏返して…

できあがり

ミトンの折り方

1 半分より少し下で折る。

2 裏返して向きを変え、下の辺を折る。

5 上の角を斜めに折る。

6 折った先の角をすきまにはさむ。

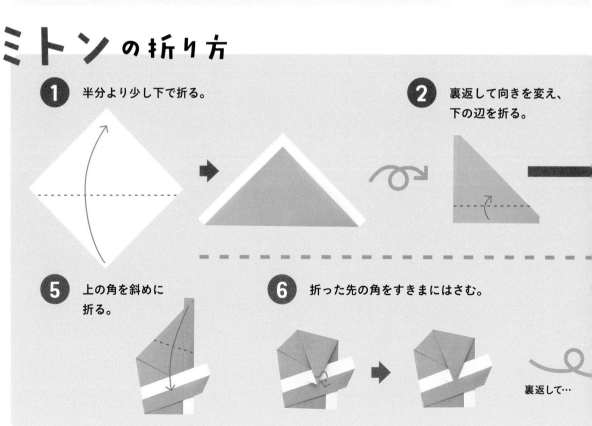

裏返して…

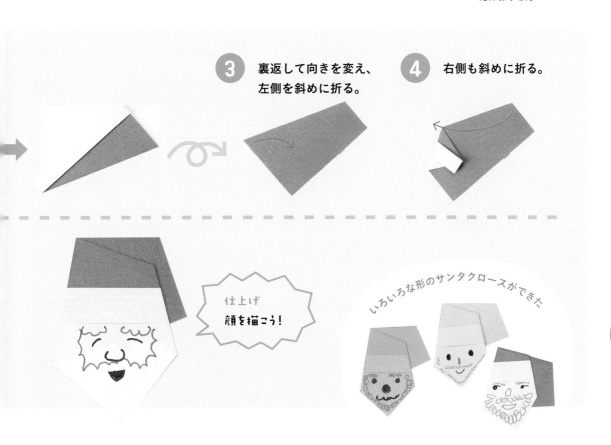

3 裏返して向きを変え、左側を斜めに折る。

4 右側も斜めに折る。

仕上げ
顔を描こう！

いろいろな形のサンタクロースができた

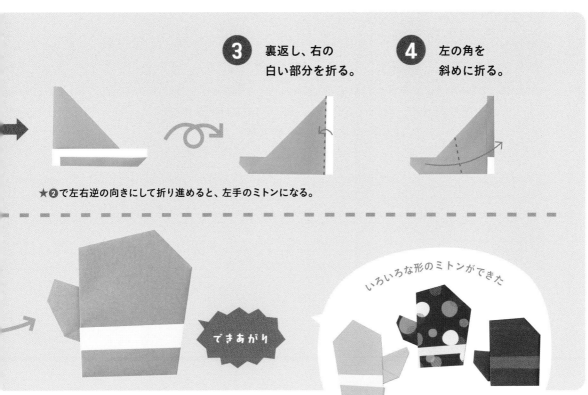

3 裏返し、右の白い部分を折る。

4 左の角を斜めに折る。

★❷で左右逆の向きにして折り進めると、左手のミトンになる。

できあがり

いろいろな形のミトンができた

1月

やっこだこ

コマ

と

折り方は70ページ

次世代に伝えていきたいお正月の遊び。
折り紙を折ることでも親しみましょう。

折ったら
遊ぼう **1**

製作帳に
貼ってみよう

やっこだことコマに好きな模様を
描いて貼ります。たこには折り紙を
細く切ってしっぽをつけるといいでしょう。

会話を広げよう

「たこあげやコマ回し、
したことある?」
「お正月遊び、楽しそうだね。
やってみようか」

68

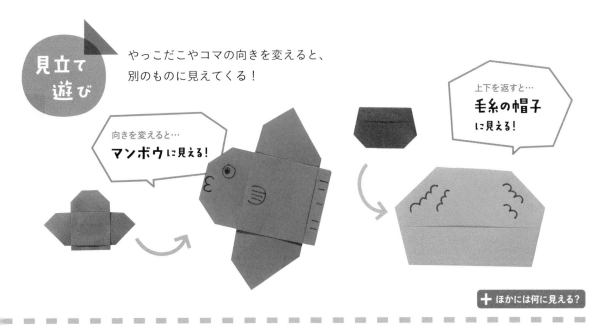

見立て遊び

やっこだこやコマの向きを変えると、
別のものに見えてくる！

向きを変えると…
マンボウに見える！

上下を返すと…
毛糸の帽子
に見える！

＋ ほかには何に見える？

折ったら遊ぼう 2

お正月飾りをつくろう

模様を描いたやっこだこやコマを正方形の台紙に貼り、
紙垂（しで）をつけて、お正月の玄関飾りにしましょう。
千代紙などで台紙を飾れば、より華やかになります。

紙垂（しで）のつくり方

（紙を折って二重にすると本格的です）

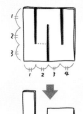

長方形の紙を半分に折る（折ったあと正方形になるくらいのサイズ）。図のように3か所（太線）に切り込みを入れ、折り線（点線）で下に折る。折り線より右部分は合わせてひっくり返す。

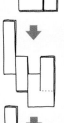

折り線で下に折る。

折り線で下に折る。

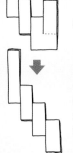

できあがり。
切り込みを入れたあと左右逆に折っていくと、逆向きにできあがる。

ぶら下げるためのひもを
裏にテープで貼る。

金色の折り紙や
千代紙を貼る。

やっこだこ の 折り方

1 下の角を折る。

2 折り返す。

3 同じように上の角を折り、折り返す。

7 上の角を小さく、下の角を大きく折る。

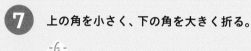

裏返して…

できあがり

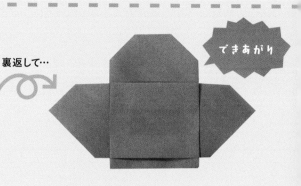

コマ の 折り方

1 下の角を小さく折る。

2 上の角を半分より少し上で折る。

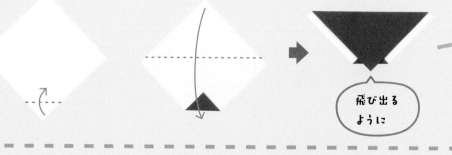

飛び出るように

④でAの線で
小さく折ると…

平らなコマの
できあがり

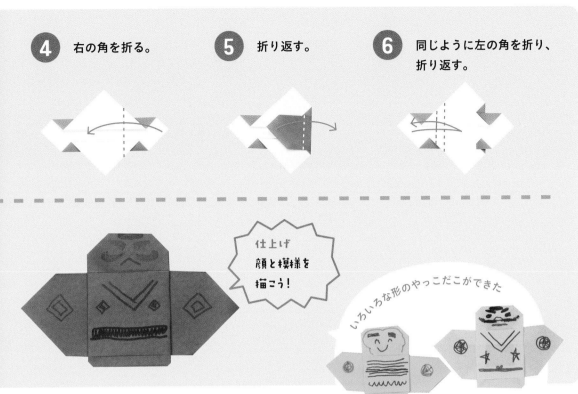

4 右の角を折る。

5 折り返す。

6 同じように左の角を折り、
折り返す。

仕上げ
**顔と模様を
描こう!**

いろいろな形のやっこだこができた

3 裏返して、
上の辺を折る。

4 好きな形になるように
左右を山折りする。

丸いコマの
できあがり

❹で❸の線で
大きく折ると…

いろいろな形のコマができた

2月

おに と ネコ

折り方は 74 ページ

おにとネコ、どちらも三角折りから始まります。
三角の左右の角が、ツノや耳になります。

折ったら 遊ぼう 1 製作帳に 貼ってみよう

おにとネコを貼り、それぞれからだを
描き足しましょう。おにとネコの
ストーリーを考えると楽しい絵になります。

会話を広げよう

「おにとネコは何をしているのかな」
「節分には『おにはそと』って言って
豆まきをするんだよね」

おにやネコの向きを変えると、
別のものに見えてくる！

向きを変えると…
インコに見える！

上下を返すと…
セイウチの顔に見える！

向きを変えると…
ネコのからだになる！

＋ ほかには何に見える？

折ったら遊ぼう **2**

ネコのアルバムをつくろう

ネコが貼れる大きさのフォトアルバムやノートを用意し、
いろんなネコを折ってコレクションしましょう。

からだの模様や、ネコの名前、特徴などを
書き込むと、自分だけのネコアルバムに！

色や形、模様を変えて、個性
的なネコをたくさんつくろう。
ネコの目は色紙を切って貼る
と、くっきり目立つ。

おに の折り方

1 半分より少し下で折る。

2 上下を返し、左右の角を斜めに折る。

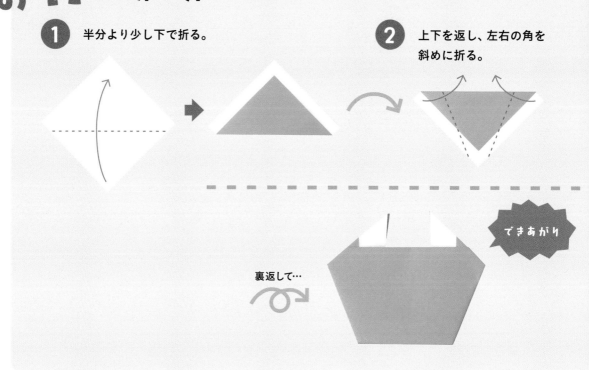

裏返して…

できあがり

ネコ の折り方

1 半分より少し下で折る。

2 上の角を2枚一緒に折る。

3 左右の角を斜めに折る。

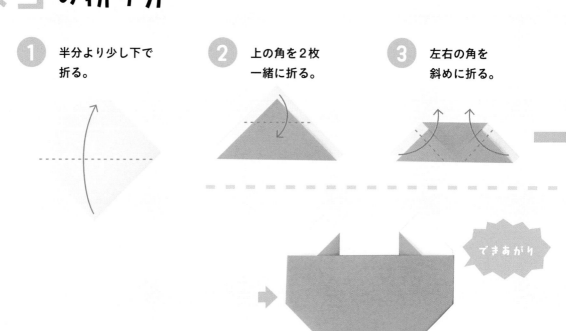

できあがり

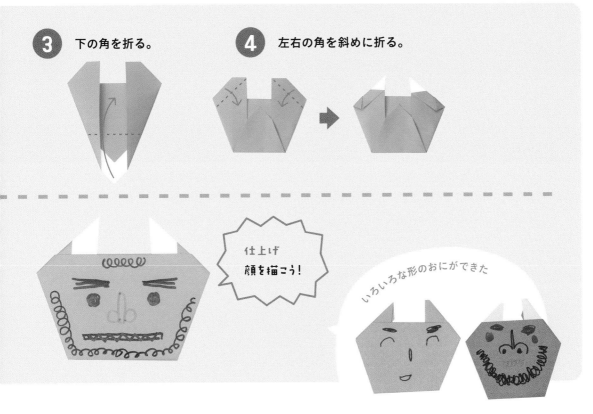

3 下の角を折る。

4 左右の角を斜めに折る。

仕上げ
顔を描こう!

いろいろな形のおにができた

4 裏返して、左右の角を山折りする。
折り方を変えると、いろんな形の顔になる。

仕上げ
顔を描こう!

いろいろな形のネコができた

3月

おびな

と

めびな

折り方は78ページ

子どもたちも、子どもたちが折る折り紙も、みんな違ってみんないい。
みんな違うおひなさまを飾って、成長を喜びましょう。

折ったら
遊ぼう **1**

色画用紙に
貼ってみよう

おびなとめびなに顔を描き、並べて
貼りましょう。頭には冠を描き足し、
ぼんぼりや菱餅など飾りを描いて華やかに。

会話を広げよう

「おひなさま、うれしそうに
並んでいるね」
「3月3日はひな祭りの日だよ」

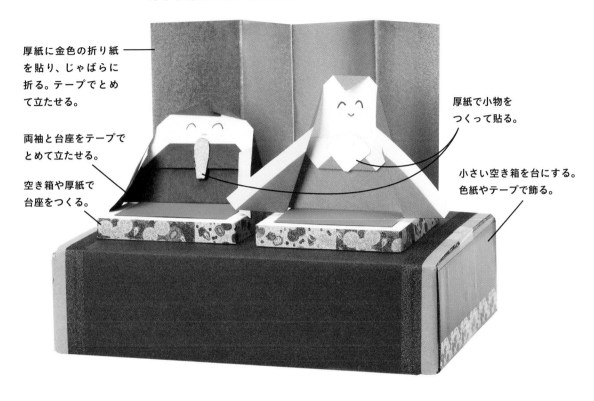

立体飾りにしよう

箱でつくった台の上におびなとめびなを立てて貼り、
好きな場所に飾りましょう。

厚紙に金色の折り紙
を貼り、じゃばらに
折る。テープでとめ
て立たせる。

厚紙で小物を
つくって貼る。

両袖と台座をテープで
とめて立たせる。

空き箱や厚紙で
台座をつくる。

小さい空き箱を台にする。
色紙やテープで飾る。

壁に貼って
段飾りにしよう

帯状の赤い色画用紙を少しずつ
長さを変えて切り、
ひな段をつくって貼ります。
おひなさまが増えたら
1段ずつ増やしていきましょう。

おびなの折り方

1 下の角を少し折る。

2 裏返して、下の辺を少し折る。

4 裏返して、左右の角を斜めに折る。

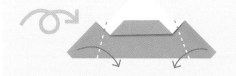

5 上の角を右へ斜めに折る。

6 上の角を左へ斜めに折る。

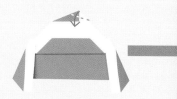

めびなの折り方

1 半分より少し下で折る。

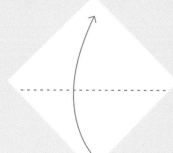

2 上の角を1枚だけ折る。

3 折り返す。

6 上の角を小さく折る。

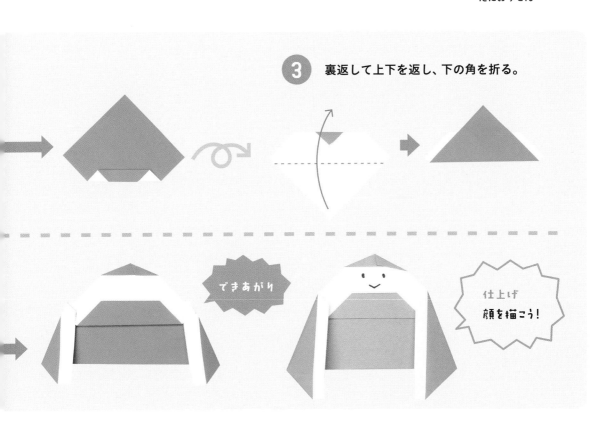

3 裏返して上下を返し、下の角を折る。

でき あ が り

仕上げ
顔を描こう!

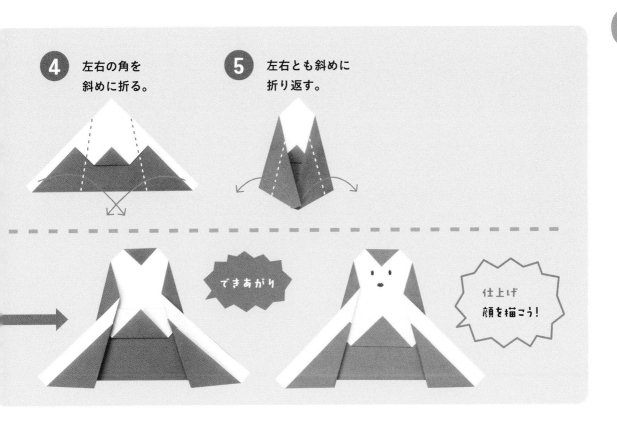

4 左右の角を
斜めに折る。

5 左右とも斜めに
折り返す。

でき あ が り

仕上げ
顔を描こう!

著者（プラン・制作・イラスト）

とりごえ こうじ

造形作家、ライター。武蔵野美術大学油絵学科卒業後、デザイン事務所、編集プロダクション勤務を経てフリーに。30年以上にわたり児童書の世界で活躍中。裏地を生かす折り紙作品が好評。造形と子どもの遊びをテーマに活動するユニット「築地制作所」メンバー。『5回で折れる！ 遊べる折り紙』『すぐに作れて大満足 かんたん！ 遊べる！ ビックリ工作』（ともに PHP 研究所）など、同ユニットによる著書多数。

アートディレクション 石倉ヒロユキ（レジア）

デザイン 和田美沙季（レジア）

撮影 茶山 浩

執筆・編集 青木智子

校正 松井正宏

担当編集 阿部忠彦（小学館）

撮影協力
小学館アカデミーさぎぬま保育園（神奈川・川崎市 P.5）
小学館アカデミー西いくた保育園（神奈川・川崎市 P.9）
小学館アカデミーむさししんじょう保育園（神奈川・川崎市 P.17）
八国山保育園（東京・東村山市 P.45）
小学館アカデミーひよし保育園（神奈川県・横浜市 P.61）

本書は、『新 幼児と保育』2019年4/5月号 〜 2020年8/9月号、2020 - 2021年12/1月号、2021年6/7月号 〜 2022年2/3月号、2022年夏号〜秋号、2023年冬号に掲載した記事に加筆し、再構成したものです。

新 幼児と保育 BOOK

きっちり折れなくても大丈夫！ 毎月のアイデア集
違ってOK！ みんなの折り紙

2023年7月17日　初版第1刷発行

発行人　杉本 隆

発行所　株式会社 小学館
　　　　〒101-8001 東京都千代田区一ツ橋2-3-1

編集　　03-3230-5686

販売　　03-5281-3555

印刷所　凸版印刷株式会社

製本所　牧製本印刷株式会社

© Koji Torigoe 2023
Printed in Japan
ISBN 978-4-09-840230-4